Paul Gisi
**Wir schenken uns
wild durcheinander uns**
Liebesgedichte

Bibliographische Information der Deutschen National-
bibliothek: Die Deutsche Nationalbibliothek verzeichnet
diese Publikation in der deutschen Nationalbibliogra-
phie, detaillierte bibliographische Daten sind im Internet
über http://dnb.dnb.de abrufbar.

© 2022 Autor: Paul Gisi, op.128
Umschlagbild Ludwig Weibel
Herstellung und Verlag:
BoD – Books on Demand, Norderstedt
ISBN 9783755736684

Paul Gisi

Wir schenken uns
wild durcheinander uns

Liebesgedichte

Inhalt

I   Wir schenken uns wild durcheinander uns 5

II   Siebenarmig die Lust 13

III In deiner Hand ruht sich das Weltall aus 23

IV   Weit fortfliegen bis in den letzten Kern 29

I
Wir schenken uns
wild durcheinander uns

Irrfahrt im Sternenstaub
CEMBALOSILBRIG IM WIND

Schwerelos gewordne Nacht
wenn du bei mir bist
HUMMELWELS   GOLDTAUBNESSEL
BASSGEIGE   SÜDLICHES KREUZ
sich umarmend

Wir schenken uns
  wild durcheinander
    uns

SÜSS WIE LIKÖR DEINE LIPPEN
Planetenbahnen in der Nacht
  aufglühend im Geschlecht

Zwei drei Schritte
mit dir
erfüllen mein Leben

Der Nachtwind weiss
was ich nicht weiss
doch wie lieb ich dich!

Tibetische Tätowierungen
DRACHEN LUFTGEISTER
FLAMMEN
auf deinem Körper

Tertiäralt der Taumel
mit dir
    kometenhell
    wie eine Pikkoloflöte

Im Schlinggewächs
deiner Arme
finde ich das Geheimnis
der Milchstrassen
der Protozoen

Fischlein im Korallenriff
ich komme zu dir
vom Miozän her
in der Klage des Saxofons

Du findest mich
in der Wasserrose
in den Trillern
von Johann Joachim Quantz

Sara Mirjam Debora
Hanna Abigajil Hulda Ester

Bienen Prophetinnen
Schmetterlinge Sonnen
ES IST ZEIT ZU LIEBEN

Der Südostpassat
auf deiner Zunge
wie ein Kuss

Lavendelviolett der Klang
in deiner Hand
ZU SINGEN MUNDANMUND
wenn der Marabu schweigt

So leicht so leicht
wie die Sonne
im Untergang
steige ich zu dir hinauf
in dein Herz

DAS WELTALL
VERSTECKT SICH
   unter einem Ahornblatt
und ist erstaunt
was es alles entdeckt

Für Marco Grimm
in Liebe

Versunken
in die Unermesslichkeit
der Lust
als der Mond verloren ging
und die Regentropfen
nichts mehr wussten

Als Erinnerung
nach der Liebesnacht
wenn Cassiopeia lacht
bleibt nur ein Traumgespinst

IM MANDOLINENBAUCH
träumt der Sonnentau
    schreibt der Zwergdrachenflosser
    einen Liebesbrief
        ziehen wir uns aus

Durchströmt von dir
frei fliessend
ohne Grenzen
in deinen Armen

Im Pfeifentopf
in deinen Körperbuchten
glüht die Sonne

Mit dir singen
mit dir schweigen
   UNTERTAUCHEN
   IN DER LUST

Millionenjahralt
unsre Liebe
in diesem Augenblick
da wir uns küssen

Im Urwald
wogender Algen
erigiert

Die Klangblüte
   öffnet sich
      himmelwärts
nun ists auf diesem Planeten
schön
WIE IN EINEM ORGELGEHÄUS

Dein Herz
buntfarbig
EIN FEUERACHAT
pulsierend im Universum
glühend vor Liebe

Unsre Finger
umquirlen sich

Weinbeerenschwarzblau
HINREISSEND
dein Körper
        IM TRAUM
in der Kantilene der Milchstrasse

II
Siebenarmig die Lust

In der Verwandlung
aufgelöst
ohne Beziehung
zu Mensch Vogel Fisch und Stern
VÖLLIG FREI

Zaubermächtige
auseinanderstiebende Sonnen

Kometen rasen
in den Arterien
Waldsternmieren
blühen in deinen Augen
der Silbersalmler zupft die Gitarre
auf deiner Zunge
JA DU BISTS

Der Baum
lächelt
im Wind
als wär er der Wind

SIEBENARMIG
DIE LUST
ich verliere mich
im Farborgasmus
des Seins
AUFGELÖST IM KOSMOS

Die weiten Bögen
des Denkens Fühlens Liebens
wölben sich
INS UNENDLICHE
IN DIR

Auf der Lotossäule
baut sich eine Goldmeise
ihr Nest

Haydns *Schöpfungsmesse*

Im Schallkörper
der Lyra
erwacht Liebe

Unsre Schutzgottheiten
tanzen in uns
nacktzunackt

Der Wasserfloh
tanzt für dich
im Saxofonton
als wär er ein Engel

Glühend
in den Lianen des Traums
dornig verkrautet

Du und ich
ein Zweimaster
auf dem Orinoco
    im Mesolithikum der Blutbahnen
    IM AUGE DES MEERVOGELS

Mundanmund
    geschlechtangeschlecht
        staubinstaub
        im Weltall

Die Sonne
ein Gelber Zwerg
in deiner Hand

SATURNRINGE
UM DIE HÜFTE
    aufsteigend
        aus dem Milchstrassenkern

Mozarts Quintett
für Klavier Klarinette
Oboe Horn und Fagott
KV 452
wie ein Tuschbild
von Sengai

Tanzende Hände
auf dem Körper
ein Schellentamburin

Eine Odyssee
dein Singen
dein Schweigen
deine Umarmung

Der weisse Spinnenstängel
und das schwarze Bilsenkraut
umarmen sich
IM INTERVALL DER EKSTASE
fortissimo possibile

Du in den Wolken
im Atem des Winds
meerüber
Für Abi

Rot die Sonne
wie sizilianischer Wein

Leben lieben tanzen
in den Universenweiten
in ozeanischen Algenwäldern
IM SINGVOGELLIED

Dein Körper
Portal der Kapelle
St-Michel in Le Puy

Die Raumbewegung
eines Sterns
im Helligkeitswahn
LICHTJAHRWEIT ENTFERNT
UNTER MEINER BETTDECKE

Weich vermoost
DIE SCHWARZEN BEEREN

Dein Körper
eine bengalisch erleuchtete Landschaft
    sie zu entdecken
    was für ein Fest!

Du bist
Chagalls *blauer Geiger*
    SEHNSUCHT
        LIEBE
M U S I K

Wie gelehrig
der Kriechende Günsel ist
das wirre Kraut am Himmel
betrachtend

während ich seelenruhig
Pfeife rauche

ERIDANUS
EINE TRÄNE
AN DEINER WIMPER

Die Singzikade
übt eine WAHNSINNSARIE
von Donizetti

Während du schweigst
redet der Regen
mit den Blättern
streicht der Wind
übers Meer
   VOLLKOMMNE RUHE
   IN DER BEWEGUNG

Lippen wie Algen
zwei Moorbeeren deine Brüste
IM SONNENKULMINATIONSPUNKT
DER LUST

Eine Emailtasse voll Glühwein
die Sonne
   wir segeln trunken
   ins Herz des Diamantfinken

Ich tanze mit dir
im Licht
  im Wind
    im Regen
AUF DEN WELLEN
DES MEERS
IN DIR

Sterne zerklirren
  ein bärtiger Riesenkarpfen
  hält sich für Buddha
    wir schauen uns an
    und lachen lachen

Ars musica
Ars poetica
findest du
in meinem Lustbrevier
IN DER FLAMMENDEN
HANDSCHRIFT
DER NACHT

III
In deiner Hand
ruht sich das Weltall aus

Eine wogende See
deine Augen
sphärisch dein Atem
IN DEN FERNEN
DES MARIMBAPHONS

Aprikosenbranntwein
auf der Zunge
Drachendoppelsterne
im Herzen

Streben nach Erleuchtung
im Motivreichtum
des Innern

In den Höhlen des Universums
    AUF DEN WIPFELN
    DES TRAUMS

Regen nieselt
auf den Lindenbaum
unter dem ich dir schreibe

Schlafe schlafe ruhig
beim Ruf des Muschelhorns

Silberadern
die Blutbahnen
GLEISSEND
BIS ZUM GEIST

In meinem Hosensack
   Theokrit
      Sternengeschwirre
         Ruderfusskrebse
        Bongos

Der Himmel
ein Abgrund
vor deinen Füssen

Die Milchstrasse aalt sich
cembalosilbrig
durch die Ganglien
   FASSUNGSLOS
   UNGEFRAGT

Seestachelbeeren
vom Atlantik
bis zum nördlichen Eismeer
vergnügt räubernd

ICH KOLORIERE FÜR DICH
den Himmel
Traumhöhlen
Buntbarsche
Seedrachen
Viermastsegelschiffe
UNSRE LIEBESWORTE

In deiner Hand
ruht sich das Weltall aus

Auch der Geist
ist ein Traumgebilde
im Strom der Täuschungen

Mit dem Wind
dahinziehend
vom festgefügten Ufer
in die Freiheit des Ungesicherten

NICHTS
rundet sich zur Wolke
zu einer Blütenlippe
OHNE DICH

Es gibt keine Zeit
im Fallen der Regentropfen
wenn sich die Sonne ausruht
in der ROSA ALBA

VOM WELTMITTELPUNKT
ABWEICHEND
DIREKT AUF IHN ZUHALTEND

IV
Weit fortfliegen
bis in den letzten Kern

Augenkorallen
aufflammend
tanzend
in galaktischen Dunkelwolken

Du
eine Harfe
in der Nacht

Du blickst mich an
WIE EINE SCHLEIEREULE
ich bete dich an

Umschlungen
von deiner Ferne

Deine Brüste
Meerbuchten
salzwellengeleckt

Sich zu öffnen
den kaleidoskopfarbigen Formen
deines Körpers
deines Geists

Glockenlockig
die Verwandlungen
Wind im Schilf

Das Sonnenauge *Hathor*
im Sturzflug
durch die Zeit
bis vor deine Füsse
    so schön kann Leben sein

Dein Körper
wie Federgras
    leicht
        schlank
SILBERSTRÄHNIG
IM WIND

Ich schenke dir
meine Alabasterschatulle
mit Goldstaub
für dein Lied

Den Strom zu befahren
in dir
eine Purpurrote Taubnessel
an deine Brust heften
in der Expansion des Weltalls

Geist wie klares Wasser
   dein Atem
   ein Tor zum Leben
     zur Liebe
     zur Lust

Silbrige kiemenäugige
Seesternmuschel
dein Lachen

Einssein
   Leidenschaft
     Feuer
in deinen Armen
offen für alle Erscheinungen
verkörpert in dir
IN DER GLUTMITTE DES ATEMS

Aufgeschreckt
von deiner Schönheit
höre ich
den Bambusflötenton
im Kamelienrot des Abends

DU
LEITMOTIV MEINES LEBENS

EINE UFERSCHWALBE
IRRT DURCH DEINE AUGEN
   der Mond
   wandert gelassen
   von Baum zu Baum

Dein Körper
eine Lagune
   Treffpunkt der Vögel
   Fische und Sterne
LUSTTAUMEL
Wasser Flamme Horizont

Weintrunkner
Cherub
in der Vollendung
der Sphärenmusik

Gegenseitig
   wechselwirkend
     ineinanderströmend
der Atem

In dir
ausserhalb von dir
ICH UNTERSCHEIDE NICHT

Ich wage
die Begegnung
mit dir
in der Wurzel
im Wind
MIT DEINEM LACHEN

Wir sehen uns an
ineinander verzaubert

Du
im Fischauge
im Quirlblättrigen Weisswurz
in der Helligkeit *Cygnis*
IM NAMENLOSEN

Die Heidelbeere segelt
über Weltallmeere
irgendwohin
am liebsten in deinen Mund

Die Sandwüste
rippt sich
in deiner Brust

Silberfädige Träume
spinnen ein unübersehbares Geflecht
von Abgrund zu Abgrund

IM ALGENURWALD DER NACHT
DER STERNE DER LUST

Die Wälder berauschen sich
cognacfarben
WELT
ICH TRINKE DICH

Die Querflötenekstase
deines Körpers
UNENDLICH SANFT

Das Universum
ein tanzender Schiwa
in deiner Hand

Das Gedicht
eine Augenkoralle
die dich erkennt

Gespinstfaserig
tanzende Liebesworte
selbst im Schweigen

DIE MILCHSTRASSE
schillert silbern
wie ein Glaskärpfling
AUF DEINER ZUNGE

Deine Stimme
dein Lachen
MEIN TRAUMFÄNGER

Wir erkennen uns selbst
   ich in dir
      du in mir
ES IST
ALS OB ALLE STERNE
WIE GLOCKEN LÄUTETEN

Für Marco

ICH SINGE DICH
in den Tausendfüssern
in den Zebrakrebsen
in den Rauhaarigen Weidenröschen
in den Motetten der Nächte
im irren Sonnenfeuer *Alderamins*

Beschützt von deinem Herzschlag
ruht die verschlungne Stunde
der Cepheiden
in der Rose

Das Universum
Herzmuscheln
als Schmuckkette an deinem Hals

Betörend offenbarend
im Rosenduft
mit Lichtgeschwindigkeit
dein Atem
auf meinem Körper

Wie ein Mosaik
was du sagst

Als wärs eine Fata Morgana
als würden in der Ferne
Städte wie Kobolde tanzen
Meere brennen
wuchernde Nächte alles verkrauten
    LIEBE ISTS

Wir vereinigen uns
im Weltallakkord
der Weinbergstraubenhyanzynthe
im Ohrenfisch
in den Choralnotationen der Lust

Diaphan
epiphan
der Geist
der Puls
DER KUSS

Mozarts Andante im
einundzwanzigsten Klavierkonzert
KV 467

Zimtbraun getupfte indische Tigerlilie du
vanilleduftende Orchidee du
Tangwiese in den Tränen du
HIMMELSCHLÜSSEL DU

Strömend wie der Wind
überm Orinoco
nachts
dein Atem

Sonnenexplosiv
TRUNKEN
brennend
unauflösbar
INEINANDERVERRAUSCHT

Dich anzubeten
in den Meerwellen
im Fischauge
    im Schein
    der Milchstrassenlaterne
davon lasse ich niemals ab

Liebeslustberauscht
  in allen Farben
    und Formen
von dir her
AUF DICH ZU

Hinter dem Vorhang
tausend weitere Vorhänge
  unabsehbar

Das Sonnenrad
bewegt sich
auf dich zu
IN DEINE UNENDLICHKEITEN

EINSTURZ ZERFALL VERSINKEN
  mit dir halte ich
  dagegen an

Wellende Zungen
des Schweigens
wenn nichts mehr gilt

Sei mein Gast
kleines Vögelchen
bald muss ich
auf die Reise

Mit dir
   fortfliegen
      W E I T FORTFLIEGEN
bis in den letzten Kern

Ein fremder Vogel
fliegt über den Wald
   was wird geschehn?

In deinen Traum hinein
schreibe ich den Liebesbrief
selbst auch träumend

DEINE HAARE
TANZENDE NOTENFÄHNCHEN
IM CEMBALOSILBRIGEN WIND

MeineGeliebtemeinGeliebterihrseidWald
ohreulenNymphensitticheKrötenfröscheFel
dahorntanzendgefiedertSonnenspektralfarb
enCassiopeiaZweimastergrosssegelSaxofo
nlustWeltallintervalltamulischtibetischPal
mblattschriftLuftsprüngelachendWarmfron
tGrundwasserrosenkleeblühendBalanceakt
orgelndKirchturmuhrPagodefarbberauscht
Drachenschnaubenindenhimmelfliegendcre
scendofontänezischendateminatemekstatisc

41

humarmendsinfonischerregttraumirrbelcant
eskküssendsternenverkrautetdunkeldunkeli
mSonnenuntergangmondbetäubttheokritles
endsichausziehendimNichtwissenalleswiss
endfürdieharfendeMinutederTäuschungim
WindDERLIEBE

Paul Gisi
1949 in Basel geboren
lebt in Rorschach

www.zackenbarsch.ch
zackenbarsch.gisi@gmail.com